HÉRO ET LÉANDRE,

BALLET-PANTOMIME.

HÉRO
ET LÉANDRE,
BALLET-PANTOMIME,
EN UN ACTE,

Représenté, pour la premiere fois, à Paris, sur le Théâtre de la République et des Arts, le 6 Frimaire an 8;

Par L.-J. MILON, Artiste de ce Théâtre.

LÉANDRE conduit par l'Amour,
En nageant, disoit aux orages :
« Laissez-moi gagner les rivages ;
» Ne me noyez qu'à mon retour ».
Traduction de MARTIAL.

A PARIS, et se vend

A l'Imprimerie A PRIX-FIXE, rue des Coutures-Saint-Gervais, près l'égout de la Vieille rue du Temple, n°. 446;

Et chez les Marchands de Nouveautés.

Les Exemplaires sont déposés à la Bibliotheque.

AN VIII.

AVERTISSEMENT
DE L'AUTEUR.

L'EFFET que produit à la lecture ou à la scene, le charme d'une poésie aisée et harmonieuse, d'un style naturel, délicat et gracieux, de ces pensées ingénieuses, exprimées avec énergie et chaleur, cet effet, dis-je, est souvent incertain, quand on veut porter à l'ame, par les yeux seulement, les impressions qu'elle est habituée à recevoir d'une oreille attentive. Cependant le sujet des amours d'Héro et Léandre offre une situation si touchante, qu'il m'a paru susceptible d'inspirer un intérêt réel, en le mettant en action, sans emprunter les secours d'une plume exercée, et les talens du déclamateur.

En le présentant dans sa simplicité historique, j'avois à craindre qu'il n'offrît trop de monotonie. J'ai cru lui donner un caractere plus aimable, et une marche dramatique, en y ajoutant des épisodes allégoriques, qui forment une liaison de scenes variées, sans altérer la vérité du fait.

L'Amour que j'ai introduit, et qui joue un rôle principal, m'étoit nécessaire pour activer l'ardeur qu'il fait naître dans Héro ; pour amener l'incident où il rappelle, par une danse allégorique, le plus beau triomphe de Vénus, celui où sa beauté seule lui fit adjuger par Pâris le prix qu'envioient Junon et Pallas, pour donner plus de vraisemblance aux moyens mythologiques qui, au dénouement, rappellent les deux amans à la vie et au bonheur.

Peut-être que des personnes, en critiquant cet essai, m'accuseront de m'attribuer une scene incidente, qui est l'action principale du *Ballet de Pâris*, et me reprocheront d'en être redevable au C[en] Gardel. Je connois trop le mérite et les talens de cet aimable et savant Compositeur, pour ne pas sentir qu'en cherchant à l'imiter, je ne saurois choisir de meilleur modele; mais je le connois trop juste pour craindre qu'il m'accuse de plagiat, dans une scene dont le motif et l'exécution different tant du *Ballet de Pâris*, qu'on ne peut y appercevoir d'autre conformité que celle des noms des personnages.

On sait d'ailleurs que les Anciens avoient la religieuse habitude, dans les fêtes publiques, et même dans les festins particuliers, d'adresser des louanges aux Dieux, par le récit des faits qui rappeloient le plus leur gloire. Ici on célebre une fête de Vénus: différens peuples se sont réunis pour lui donner plus d'éclat et de solemnité. L'Amour s'est mêlé parmi eux, et dirige tout. L'observation motivée de cet aimable régulateur, fait préférer à de simples danses, une scene qui retrace le plus grand triomphe de sa mere, et qui, en même temps, doit faire connoître à Héro les premieres impressions de la tendresse. Je n'ai donc, en me servant de ce trait mythologique, qu'employé ce que la Fable offre, et qu'il m'étoit permis de prendre, pour me conformer aux usages et coutumes des temps où je recule la scene.

Je ne parlerai point des autres parties qui peuvent être sujettes à des observations critiques ; mon intention n'est point de chercher à donner à cet ouvrage un prix qu'il ne peut attendre que du mérite des habiles Artistes qui l'exécuteront.

PERSONNAGES.	ARTISTES.
VÉNUS,	Cne *Chevigny.*
L'AMOUR,	Cne *Minette.*
LES GRACES,	Cne *Vestris.* Cne *Coulon.* Cne *Félicité.*
NEPTUNE,	Cen *Ducel.*
HÉRO, Prêtresse de Vénus,	Cne *Gardel.*
LÉANDRE, Prince de la ville d'Abyde,	Cen *Vestris.*
Une Thessalienne,	Cne *Clotilde.*
Une Phrygienne,	Cne *Saulnier.*
Une Cyprienne,	Cne *Chameroy.*

PEUPLE DE LA VILLE D'ABYDE.

Cens Deschamps, Cantagrel, Courtois.
Cnes Bourgeois, Denisaversel, Buisson.

PEUPLE DE CYPRE.

Cens Delahaye, Béguin, Casimo.
Cnes Barré, Dufresne, Laurence.

PEUPLE DE PHRYGIE.

Cens Simonet, L'huilier, Buttaud.
Cnes Courtois, Léon. Cornu.

PEUPLE DE THESSALIE.

Cens Lebel, Petit, Honoré.
Cnes Langlois, Gabriel, Gautier.

PRÊTRESSES DE VÉNUS.

Cnes Simon, Puisieux, St.-Léger, Hortence.
Telle aînée, Chateauvieux, Eulalie, Billet.

JEUNES FILLES DE L'ISLE DE CHYPRE.

Cnes Delisle, Miliere, Louis,
Marelier aînée, Marelier cadette.

LE DIEU PAN, Cen Beaupré.

NYMPHES.

Cnes Miliere, Louise.

FAUNES.

Cens BRANCHU, BEAULIEU.
Cens Deschamps, Cantagrel, L'huilier, Borda,
Buttaud, Petit.

NYMPHES.

C^nes^ PÉRIGNON, COLOMB.

C^nes^ Léon, Denisaversel, Puisieux, Gautier, Cornu, Lily.

PLAISIRS.

AMOURS, la C^ne^ Florine............. etc.

C^ens^ Gaineté, Eve, Joly, Auguste, Desaget, Gogot, Marette, Biquier.

C^nes^ Telle cadette, Marelier aînée, Bourgeois cadette, Hugens, Marelier cadette, Delisle cadette, Deslauriers, Seuriot.

Musiciens.

Esclaves.

Chasseurs.

Matelots.

La Scene se passe sur les bords de l'Hellespont, du côté de l'Europe.

HÉRO ET LÉANDRE,

BALLET-PANTOMIME.

Le Théâtre représente un Bois de myrthe. A droite est un Temple de Vénus, dans l'intérieur duquel on voit la statue de cette Déesse. L'Amour est à ses côtés, dans l'attitude de décocher une flèche. Au fond le rivage de la mer. On découvre dans le lointain la ville d'Abyde. Au bord du rivage, du côté gauche, et près du bois sacré, est située la tour d'Héro.

SCENE PREMIERE.

On voit dans l'éloignement de la mer, des vaisseaux décorés de guirlandes de fleurs, et de bandelettes de couleurs variées. Un autre vaisseau qui les précede est déjà abordé. Léandre s'empresse d'en descendre pour chercher l'objet qui captive son cœur. Il témoigne beaucoup d'inquiétude et de chagrin, de ne faire que des recherches inutiles.

SCENE II.

Des Prêtresses de Vénus sortent du temple, et vont à la tour chercher la grande Prêtresse. Héro paroît. Léandre qui s'est caché de maniere à pouvoir découvrir ce qui se passe, exprime en la voyant la plus tendre agitation. Cependant il marque du dépit de ce que les Prêtresses, en restant avec elle, le privent du plaisir de l'entretenir en particulier; mais bientôt un heureux présage vient calmer son impatience: Héro ordonne aux Prêtresses d'aller chercher le cortege; elles obéissent, et la laissent seule avec Léandre qu'elle n'apperçoit point encore.

SCENE III.

Héro s'approche du temple et en examine la décoration. Léandre sort du lieu où il s'est caché; mais retenu par cette timidité intéressante qui met un frein à l'amour, il n'ose qu'admirer celle à qui il brûle de faire un aveu qui lui paroît téméraire. Cependant les desirs qu'il ressent, les charmes qu'il voit, lui font surmonter la crainte qui le retient. Il se jette aux pieds d'Héro qui, surprise d'un aveu auquel elle ne s'attendoit pas, recule et lui ordonne de se relever. Il s'obstine à rester dans cette attitude, jusqu'à ce qu'elle ait prononcé sur son sort. Héro craignant d'être surprise, le menace de fuir s'il ne se releve. Alors il obéit ; mais incertain de l'effet qu'a produit la déclaration qu'il vient de lui faire, il cherche à le deviner dans ses yeux. La Prêtresse prend un noble maintien, et fixant Léandre avec fierté, lui montre le voile dont elle est revêtue, comme devant être pour lui un obstacle invincible aux desirs qu'il ose former. Léandre à son tour montre à Héro, Vénus et l'Amour. Il lui objecte que la flèche de celui-ci est un emblême qui doit détruire ses préjugés; que la Déesse, dont elle est la grande prêtresse, ne pourroit blâmer un penchant qui l'a entraînée elle-même, et qu'enfin une ardeur mutuelle est toujours légitimée par la Nature et par l'Amour. Mais la chaste Héro, craignant de se rendre indigne de présider aux sacrifices, et d'attirer sur elle la vengeance céleste, en écoutant l'hommage dangereux d'un amant passionné, veut se retirer. Léandre ose la retenir, la prendre dans ses bras; elle s'en dégage et fuit dans le temple. Il veut la suivre, et s'arrête à l'entrée du temple, sur les marches duquel il tombe accablé de chagrin.

SCENE IV.

PLUSIEURS vaisseaux abordent : différens peuples en descendent pour se rendre au lieu où se rassemble le cortege.

L'Amour paroît furtivement, et témoigne une joie extrême à l'aspect de cette brillante jeunesse qui lui offre beaucoup de cœurs à subjuguer. Dès que cette affluence est éloignée, il regarde si ses armes sont en bon état; et pour les essayer, et exercer son adresse, il s'amuse à décocher des traits contre des fleurs qu'il abat.

Léandre, revenu de son accablement, apperçoit l'Amour : il court précipitamment vers lui, et fondant une douce espérance sur le pouvoir de ce Dieu, il l'invite, en lui montrant le temple, à diriger ses traits contre un objet rebelle à ses loix. L'Amour l'écoute un instant avec indifférence, et dédaignant sa priere, il se livre de nouveau à son petit exercice. L'amant d'Héro tâche de l'intéresser, il lui peint les tourmens qu'il éprouve, le prie de le protéger et de le rendre heureux, en lui faisant obtenir le cœur qu'il ne peut fléchir. L'Amour le regarde d'un air malin, il lui demande s'il est bien amoureux. Léandre pour le convaincre lui prend la main, et la presse contre son cœur. Ce Dieu alors, avec un air ironiquement grave, convient que la situation de ce cœur est très-périlleuse. Léandre le conjure de la faire partager à Héro; mais voyant que ses instances sont inutiles, il semble dire à l'Amour : « Prête-moi ton arc et tes traits, » je la blesserai moi-même ». L'Amour lui oppose un nouveau refus; Léandre alors lui reproche de prendre plaisir à le rendre malheureux; il l'accuse de méchanceté, et se livre à la plus grande affliction.

Cependant l'intention de l'Amour n'étant pas de désespérer cet amant, il lui offre l'espoir consolateur de seconder ses vœux, mais en employant un moyen nouveau qu'il veut lui faire connoître.

SCENE V.

L'Amour, par un signe, fait accourir vers lui plusieurs de ses compagnons. L'un lui présente une tunique blanche dont il se revêt; l'autre lui pose une couronne de roses blanches sur la tête. Il prend ensuite une corbeille de fleurs, et affectant l'air simple et naïf de l'innocence, il demande à Léandre, si ce maintien lui sied. Léandre le trouve charmant.

Une harmonie religieuse annonce l'arrivée du cortege. L'Amour, avant de se retirer, conseille à Léandre de s'y réunir, et lui promet de rendre Héro sensible à sa tendresse.

SCENE VI.

Différens groupes des peuples d'Émonie, de Cypre, de Cythere, du Liban, de Phrygie, et de la ville d'Abyde, réunis à celui de Sestos, s'avancent pour célébrer la fête de Vénus.

Lorsque le cortege a défilé devant le temple, des prêtresses placent des trépieds et un autel sur lequel brûle le feu sacré. Héro sort de l'intérieur du temple, et vient verser des essences sur l'autel. Toute l'assemblée se prosterne. Ensuite chaque peuple vient déposer son offrande. Cette cérémonie terminée, l'Amour paroît sous la figure d'un adolescent. Il s'approche timidement d'Héro, et lui présente en se prosternant une corbeille qu'il la prie d'offrir à la Déesse. Elle satisfait à sa priere, et paroît partager l'intérêt que cet aimable enfant inspire déjà à tous les assistans.

La fête commence par des danses : l'Amour en considere un moment l'exécution.

Puis s'avançant au milieu des danseurs, il témoigne le desir de leur communiquer quelque

chose

chose d'intéressant. La danse cesse aussi-tôt. On se réunit auprès de l'Amour qui fixe l'attention générale. Il témoigne à l'assemblée, que les danses ne suffisent pas pour la célébration d'une fête aussi solemnelle, et fait entendre qu'il connoît une maniere plus digne de plaire à la Déesse, et de mériter sa bienveillance.

Plusieurs de ses compagnons entrent aussi-tôt, et lui présentent une ceinture qu'il prend et donne à Héro, en l'engageant de s'en ceindre le corps, pour représenter Vénus dont il lui montre la statue. Il prend ensuite une couronne d'or, et un casque qu'il donne aussi aux deux plus belles femmes de l'assemblée; l'une d'elle devant représenter Junon, et l'autre Minerve. Il appelle Léandre qui s'est mêlé dans un groupe de jeunes gens, et lui donnant un bonnet de Phrygien, et une pomme d'or, il lui apprend qu'il va représenter à son tour le personnage de Pâris, et décerner, ainsi que lui, le prix destiné à la plus belle. Ces préparatifs achevés, l'Amour invite Minerve à commencer. Une surprise générale se manifeste au trait de génie que chacun admire dans cet enfant.

Minerve, après avoir exécuté une danse martiale, reçoit une couronne de lauriers qu'elle s'empresse de présenter à Léandre, pour qu'il lui donne en échange la pomme d'or. Mais il lui observe qu'il ne peut donner le prix qu'après que ses deux autres concurrentes l'auront disputé en développant leurs talens.

Junon exécute alors un pas plein de noblesse et de grâce; elle vient ensuite à Léandre réclamer la pomme, et lui offrir sa couronne. Mais il lui fait la même observation qu'à Minerve, et lui montre Héro qui s'avance à son tour pour faire valoir ses droits à un prix que son amant lui accorde d'avance.

Si la vue seule d'Héro a excité de vifs desirs dans le cœur de Léandre, combien ces desirs deviennent-ils plus violens, quand il la voit déployer un talent capable de charmer l'œil le plus indifférent. Léandre hors de lui-même, promène rapidement ses regards avides sur les attraits qu'il ne peut assez admirer. Les beaux contours d'une taille svelte, ces attitudes voluptueuses, cette noblesse, cette légereté, cette parfaite exécution, rien de ces aimables détails n'échappe à cet amant. Il ne voit plus Hero; c'est Vénus elle-même réunissant à ses perfections personnelles, ce que les Grâces ont encore de plus séduisant.

Héro ayant terminé son pas, s'approche de Léandre qui s'est déjà prosterné pour lui offrir la pomme. Elle la prend, et va sur-le-champ en faire hommage à Vénus, en la déposant aux pieds de sa statue. Pendant ce temps, l'encens brûle sur l'autel, et tout le monde est prosterné.

Tout-à-coup un prodige attire l'attention générale. On voit descendre du ciel une colombe qui vient se poser auprès de la pomme d'or, qu'elle emporte dans son bec, en s'élevant et disparoissant dans les airs par un vol rapide. Cette circonstance extraordinaire est pour toute l'assemblée, l'augure certain que la fête est agréable à la Déesse. La satisfaction s'exprime dans tous les yeux: en même temps tous les regards se portent sur le jeune inconnu, à qui l'on attribue la cause de cet heureux évenement. Pénétrée d'admiration et de reconnoissance, Héro lui présente une couronne de laurier, qu'elle lui pose sur la tête. Elle ajoute encore à cette récompense, en prenant l'Amour dans ses bras, et lui prodiguant de tendres caresses, qu'il lui rend en affectant toujours un air innocent. Héro lui donne encore un nouveau témoignage de gratitude et de satisfaction, par un baiser sur le front, que l'Amour s'empresse de lui rendre, mais en pressant de ses levres brûlantes la bouche d'Héro. Aussi-tôt une émotion qui lui étoit jusqu'alors inconnue, s'empare de ses sens, et répand le trouble dans son imagination: elle devient rêveuse, inquiete, et s'éloigne, sans s'en appercevoir, de cette enfant qu'elle carressoit avec tant d'affection.

Léandre qui a remarqué la conduite de l'Amour, n'est point étonné de la situation d'Héro : l'agitation qu'elle éprouve, est pour lui le présage du bonheur. Il s'approche d'elle ; mais l'Amour l'arrête, et lui conseille de prendre part à la danse, et d'y développer des talens qui ne peuvent manquer de donner un nouvel attrait, au penchant dont Héro sent le premier effet. Il exécute un pas qui attire l'admiration. Héro, à qui les mouvemens de son cœur font sentir le besoin de voir Léandre, devient sa plus grande admiratrice ; l'expression qu'elle donne sans s'en appercevoir au plaisir de le voir, décele les progrès rapides de son ardeur naissante : elle connoît déjà les premieres jouissances de la tendresse ; mais elle va bientôt aussi éprouver les atteintes de la jalousie.

Une jeune Cyprienne vient s'offrir pour danser avec Léandre : la grâce de ses attitudes, l'élégance des groupes qu'elle forme avec lui, excitent dans la craintive Héro, un sentiment de dépit qu'elle a peine à retenir ; elle se trouble, son ame est oppressée, elle ne voit qu'une rivale en celle qui n'a ni le desir, ni le pouvoir de lui ravir les droits qu'elle a sur Léandre : les tableaux voluptueux qu'ils offrent aux yeux qui les admirent, font éclater dans les siens un courroux dont l'effet lui est si sensible, qu'elle ordonne de terminer la fête, et congédie l'assemblée.

SCENE VII.

Héro restée seule, exprime le déplaisir qu'elle éprouve en voyant Léandre suivre cette jeune Cyprienne; la jalousie qu'elle lui inspire, ne lui laisse plus douter de la situation de son cœur, elle aime, elle adore un objet qu'elle croit infidèle, cette idée la désole.

SCENE VIII.

L'Amour ramene Léandre, et lui montrant Héro, il lui conseille de saisir cette occasion pour solliciter auprès d'elle, l'aveu qui doit le rendre heureux. Léandre le remercie de ses bontés, l'Amour en sortant lui promet protection.

SCENE IX.

Héro accablée de chagrin se dispose à s'en aller, au moment où Léandre l'aborde pour lui parler de son amour, mais elle jette sur lui des regards dédaigneux, et lui conseille avec dépit, d'adresser ses veux à celle qu'il vient de quitter. Léandre étonné, mais augurant bien du sentiment de jalousie qu'elle laisse paroître, cherche à la dissuader par les témoignages de l'amour le plus tendre. Ces protestations n'appaisent point Héro; elle est décidée à fuir; lorsqu'un groupe d'amours l'arrête et l'engage de céder aux vœux de Léandre: ils lui promettent une félicité parfaite, elle ne se sent plus la force de résister, elle se laisse conduire dans les bras de son amant.

Les ombres de la nuit viennent favoriser les doux épanchemens de ces deux amans. Héro, moins timide sous le voile du mystere, ne dissimule plus ses sentimens; mais en avouant à Léandre, qu'il est l'objet de ses plus tendres affections, elle exige de lui, le serment solemnel de garder le plus grand silence sur leur intelligence amoureuse. Il lui jure un secret inviolable, et lui proteste une fidélité à toute épreuve.

La douce clarté de la lune perce à travers les nuages qui obscurcissent le ciel, ils se dispersent peu à peu, et laissent voir cet astre dans tout son éclat. Les amours, les jeux et les plaisirs accourent en foule pour célébrer l'union des deux amans. Ils forment des groupes, exécutent des danses légeres, et invitent Léandre à les imiter. Celui-ci invite à son tour sa maîtresse à développer ses grâces au milieu des plaisirs; mais Héro timide, n'ose mettre en comparaison ses talens et ses attraits, avec les grâces infinies de ceux qui composent la cour du fils de Vénus. Ce refus modeste, rend les desirs de Léandre plus ardens. Il sollicite Héro avec plus d'empressement, et parvient à la conduire au sein des jeux. Il commence à former quelques pas, et prie son amante de l'imiter.

La timidité qu'elle ne peut surmonter, la fait persister dans son refus. Elle veut fuir; Léandre la retient, et parvient à obtenir d'elle l'exécution du pas que lui-même vient de faire. Il est enchanté de la maniere élégante avec laquelle elle déploie ses grâces, dans cette danse aimable et légere. Rien ne manqueroit à ses desirs, si un voile ne le privoit de voir et d'admirer librement la taille charmante de sa chere Héro. Il la prie d'ôter ce voile importun: elle s'y refuse absolument; il devient entreprenant, et veut l'ôter lui-même. Héro alarmée de cette témérité, s'échappe de ses bras et fuit. Un groupe d'Amour l'arrête, et sans qu'elle puisse s'en défendre, lui ôte son voile. Léandre au comble de ses desirs, se livre en liberté au plaisir de voir ce qu'il adore. Elle, de son côté, s'affranchit de la contrainte, et livrée entierement à son bonheur, elle en exprime le charme et la douceur, par un pas qu'elle exécute avec Léandre.

La lune approche de la fin de sa carriere; les deux amans voient avec chagrin qu'elle marque l'instant de leur séparation. Héro rappelle à Léandre le serment qu'il a fait de garder le plus grand secret sur leur union, et lui fait sentir la nécessité d'en cacher jusqu'à la moindre apparence. Elle lui fait remarquer que la fuite de l'astre de la nuit, annonce l'arrivée de celui du jour: l'Amour lui-même l'invite à se retirer; il doit à la réputation de son amante le sacrifice de ses plaisirs, il se résout à s'éloigner d'elle. Ces deux amans s'expriment mutuellement par les plus vives étreintes, les regrets de ne pouvoir prolonger une nuit si heureuse; mais leur séparation est nécessaire. Ils se font leurs adieux. Héro voit les plaisirs la fuir à mesure que son amant s'éloigne d'elle. Elle fait remarquer à Léandre, que par son absence, il va l'abandonner à l'ennui, Il revient dans ses bras, et les plaisirs accourent avec lui. Mais enfin la nécessité de la quitter, fait éloigner et disparoître les plaisirs. Il monte sur le bord du rivage. Héro qui l'accompagne, témoigne la plus grande inquiétude de ne voir aucun vaisseau, et lui demande comment il pourra gagner le rivage opposé. Léandre, avec sécurité, l'assure qu'il fera aisément le trajet à la nage. Quelques nuages qui ont déjà couvert l'horison, l'agitation des airs, celle de l'onde, font naître dans le cœur d'Héro, un pressentiment sinistre. Elle s'oppose à ce que son amant brave les dangers qu'elle voit s'accroître. Léandre lui témoigne tant d'assurance, qu'il parvient à dissiper entiement ses craintes. Il monte avec Héro sur le rocher, il prend la main de son amante, la place sur son cœur, lui fait son dernier adieu, et s'élance dans les flots. Elle fait un geste involontaire, comme pour l'arrêter dans son élan; mais il est déjà porté par les flots qui se gonflent d'une maniere rapide et effrayante. Héro, les yeux fixés sur son amant, semble diriger sa course : son ame en proie aux plus cruelles alarmes, sent redoubler ses craintes, à l'horrible tableau qui se présente à ses yeux. Le deuil répandu sur toute la nature, les vents déchaînés, le mugissement de l'onde, le sifflement de l'air, ce désordre général et terrible, livrent cette amante éperdue à des angoises déchirantes. Elle entrevoit, à la lueur des feux du ciel, son amant porté impétueusement sur une vague qui s'éleve dans les airs, et le voit ensuite précipité dans un abîme qu'une autre vague couvre aussitôt. Héro ne connoît plus alors que la douleur et le désespoir ; le ciel peut seul sauver son amant de la mort qui le poursuit : elle se jette à genoux pour implorer l'assistance divine en faveur d'un amant qu'elle voit encore lutter contre la fureur des flots, et s'efforcer inutilement de regagner le rivage qu'il vient de quitter. Elle tend vers lui ses faibles bras, comme pour lui offrir du secours ; mais le coup affreux que le sort a préparé, détruit en ce moment le reste d'espérance qui la flattoit encore. Un éclair, flambeau de la mort, prolonge sa lumiere pour montrer à Hero son amant pâle et sans force, qu'un gouffre affreux engloutit. Un frisson mortel saisit ses sens, Héro glacée, tombe anéantie. Un silence morne, succede aux douloureux accens de cette amante malheureuse. Revenue lentement de cet état léthargique, elle fixe d'un œil hagard le cruel élément qui la prive pour toujours de l'objet de son bonheur. Elle recule avec effroi. Ses regards se portent sur les objets témoins peu d'instans auparavant de sa félicité. Elle indique l'endroit où Léandre, dont elle se répete les expressions, lui juroit de l'aimer toute la vie. Ce souvenir rappelle tous ses maux ; des larmes, des sanglots expriment l'oppression de son cœur. De noires réflexions assiegent son imagination, et la conduisent par degrés à l'excès du désespoir. Elle se reproche d'avoir causé la mort de son amant: cette idée affreuse accumule dans son ame les maux les plus cuisans.

Un fort coup de tonnerre se fait entendre; Héro leve les yeux au ciel, et provoquant la foudre, se jette à genoux, présente la tête dans l'espoir d'en être écrasée. Le tonnerre éclate de nouveau d'une maniere terrible, et tombe près d'elle sans l'atteindre. Alors elle se releve avec une espece de fureur, en accusant le ciel de prendre un plaisir barbare à prolonger ses tourmens. Elle marche précipitamment sans savoir où porter ses pas, et tombe affaissée par le poids de sa douleur.

SCENE X.

L'AMOUR paroît: il considere Héro, témoigne prendre un intérêt compâtissant à sa malheureuse situation, et semble lui promettre d'y mettre bientôt un terme. Il sort rapidement.

SCENE XI.

HÉRO se releve, ayant une contenance moins

agitée. Sa figure ne peint plus la frayeur ni le désespoir, son ame plus calme, paroît éprouver la douceur d'une idée consolante ; guidée par un sentiment de reconnoissance, elle remercie les Dieux de l'avoir inspirée. Elle court avec précipitation au bord du rivage, et résignée à partager la destinée de son amant, elle s'élance dans la mer.

SCENE XIIme et dernière.

Un lit de roses porté par un nuage et des groupes d'amours, la reçoit et s'éleve du sein des eaux. Neptune en même temps paroît sur leur surface, entouré des dieux marins, portant Léandre ranimé. Vénus descend de la voûte céleste accompagnée de sa cour. L'Amour suivi des plaisirs, se réunit à cette brillante assemblée. Les deux amans pénétrés de respect et de reconnoissance, sont au comble de leurs desirs, en voyant les dieux qui les protegent, former leur union, et célébrer par une fête l'époque d'un bonheur inaltérable.

FIN.

www.ingramcontent.com/pod-product-compliance
Ingram Content Group UK Ltd.
Pitfield, Milton Keynes, MK11 3LW, UK
UKHW022146260726
13993UKWH00005B/2180